ubrania · les vêtements · roupa · ropa · Kl
الملابس · mavazi · कपड़े · 衣類 · 衣物 · o

higiena · l'hygiène · higiene · higiene · H
النظافة · usafi · स्वच्छता · 衛生狀態 · 卫生 · г

zdrowie · la santé · saúde · sanidad · Gesu
الصحة · afya · स्वास्थ्य · 健康 · 健康 · здо

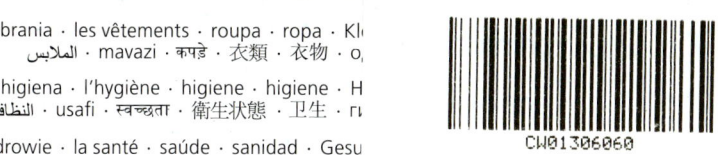

pieniądze · l'argent · dinheiro · dinero
النقود · fedha · धन · 金銭 · 钱币 · деньги

czas wolny · les loisirs · lazeres · ocio · Freizeit   **leisure**   19
وقت الفراغ · wakati wa starehe · अवकाश · レジャー · 休闲 · свободное время

mieszkanie · le logement · alojamento · alojamiento · Unterkunft   **accommodation**   29
الإقامة · makao · आवास · 宿泊設備 · 住宿 · жильё

urzędy · les autorités · autoridades · autoridades · Behörden   **authorities**   37
السلطات · serikali · प्राधिकरण · 当局 · 行政机关 · органы власти

podróże · les voyages · viagem · viaje · Reise   **travel**   39
السفر · safari · यात्रा · 旅行 · 旅行 · поездка

jednostki miar · les mesures · medidas · medidas · Maße   **measurements**   53
المقاسات · vipimo · माप · 測定 · 尺寸 · размер

uczucia · les sentiments · sentimentos · sentimientos · Gefühle   **emotions**   59
الأحاسيس · hisia · मनोभाव · 感触 · 感觉 · чувства

żywność · la nourriture · comida · comida · Essen   **food**   63
الطعام · chakula · भोजन सामग्री · 食物 · 食品 · еда

świat · le monde · mundo · el mundo · Welt   **world**   81
العالم · dunia · विश्व · 世界 · 世界 · мир

CW01306060

clothing

clothing

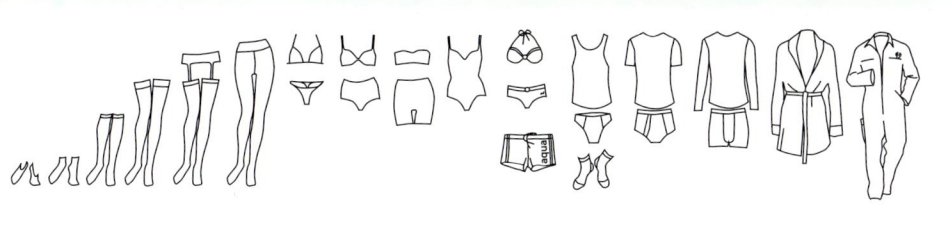

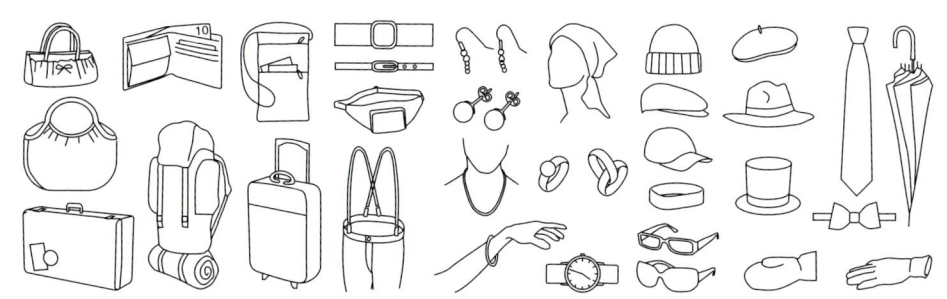

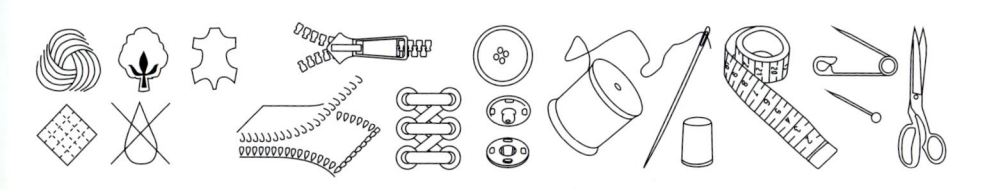

3

4

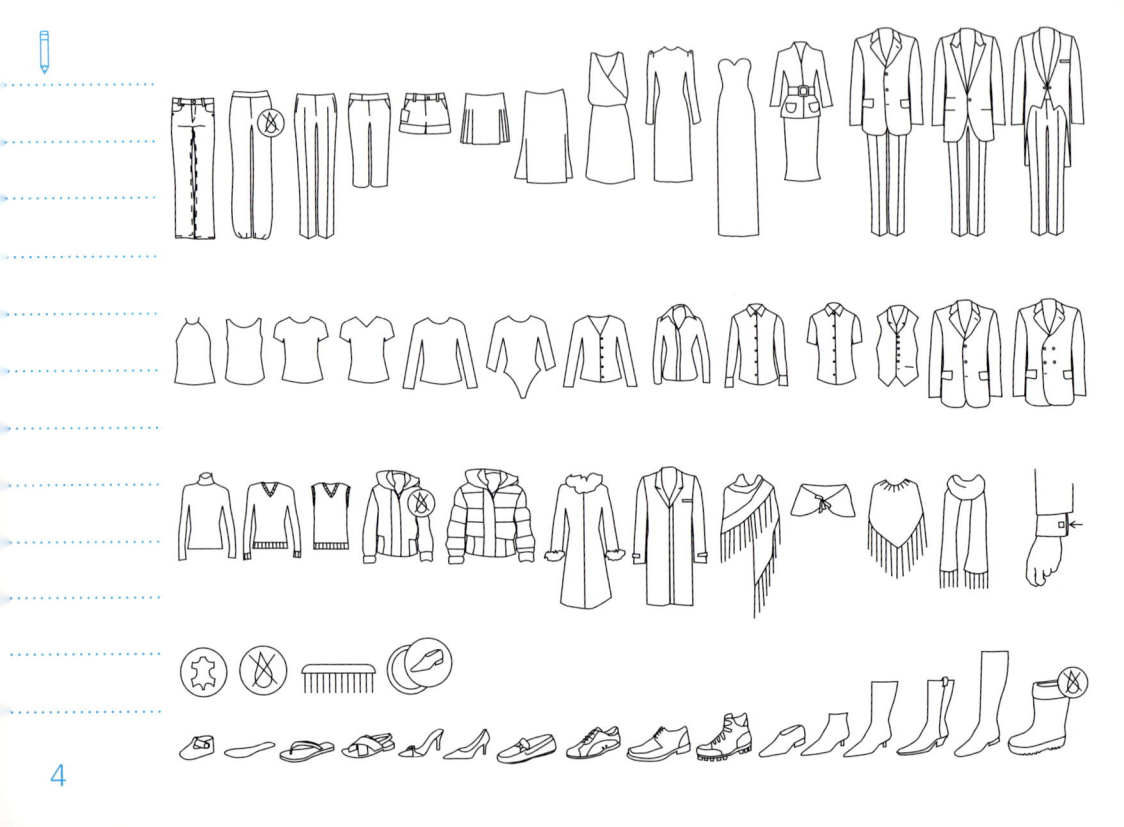

clothing + hygiene

5

hygiene

hygiene

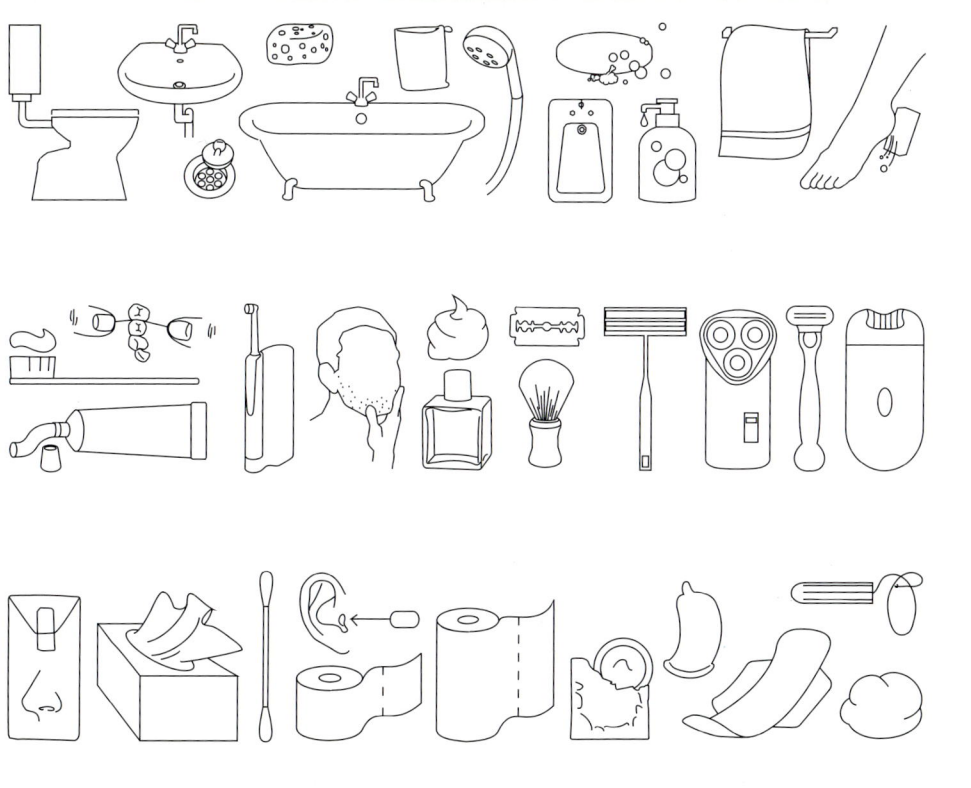

8

hygiene

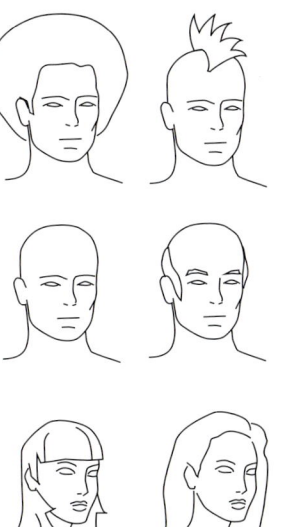

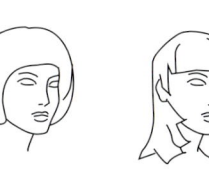

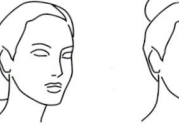

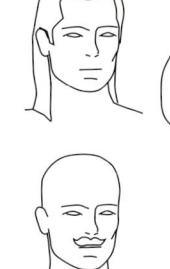

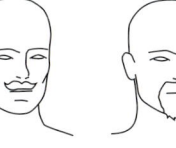

✚ health

health

11

12

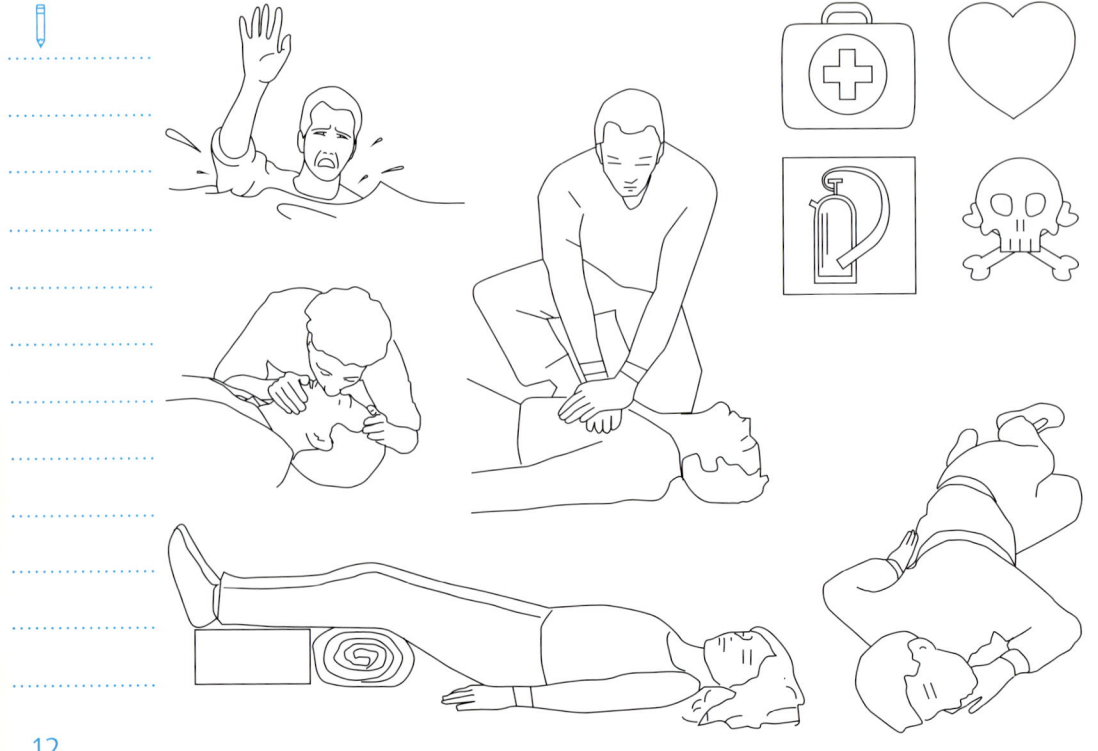

health

13

14

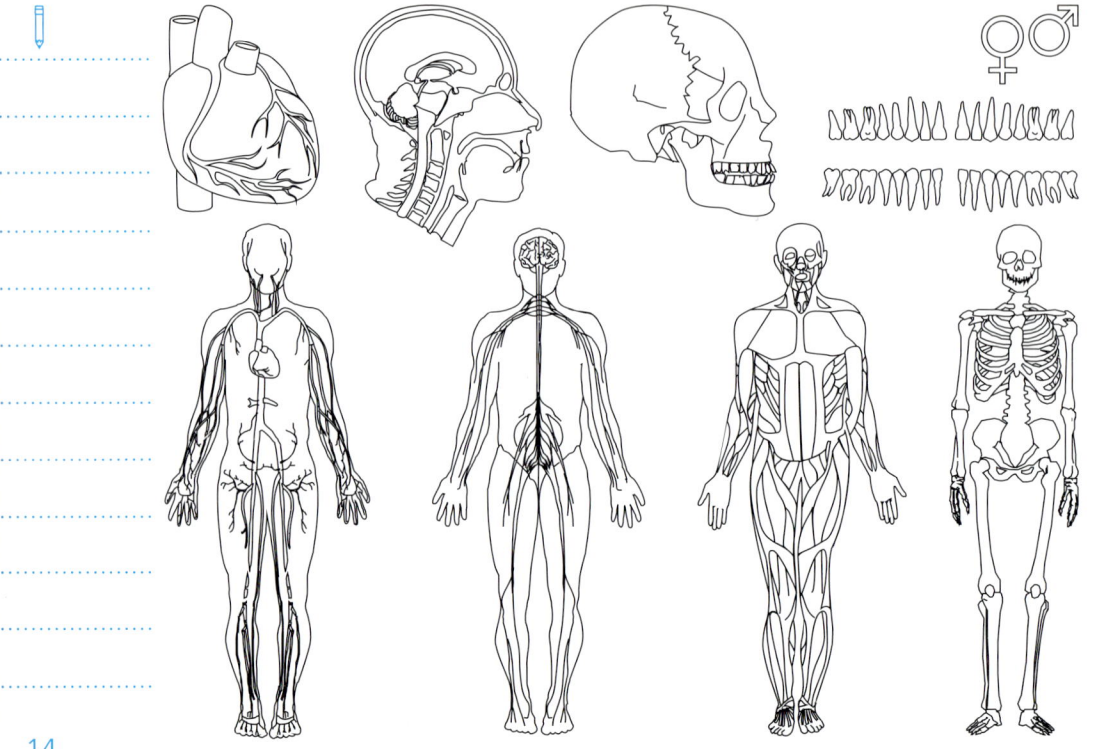

health

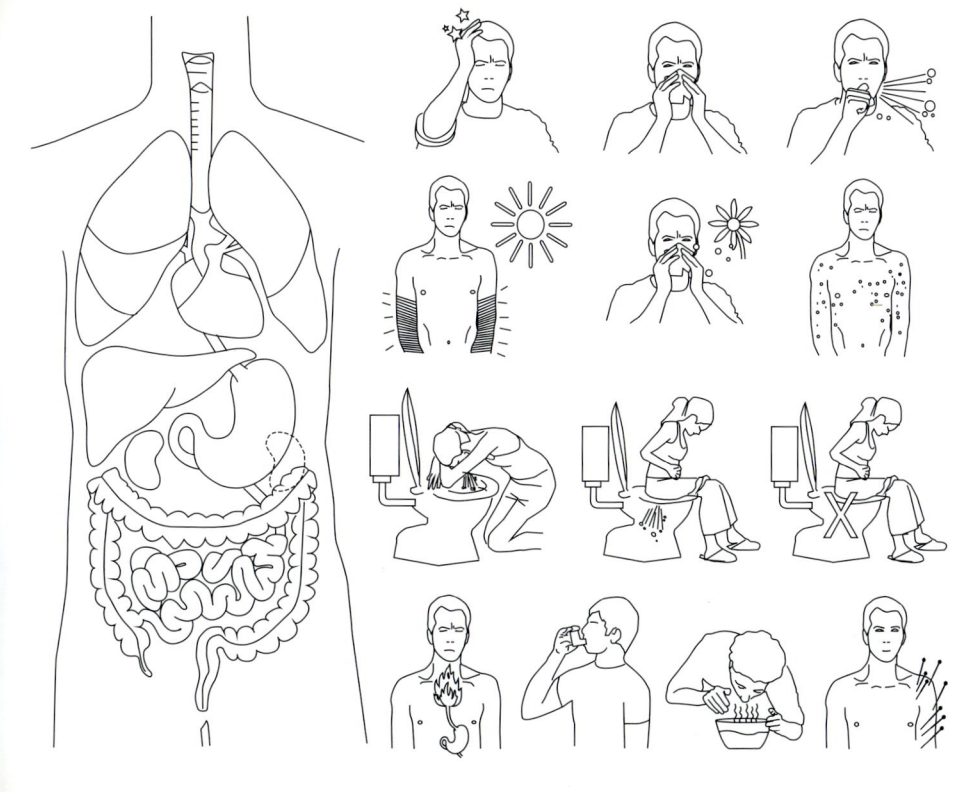

money

money

17

leisure

leisure

20

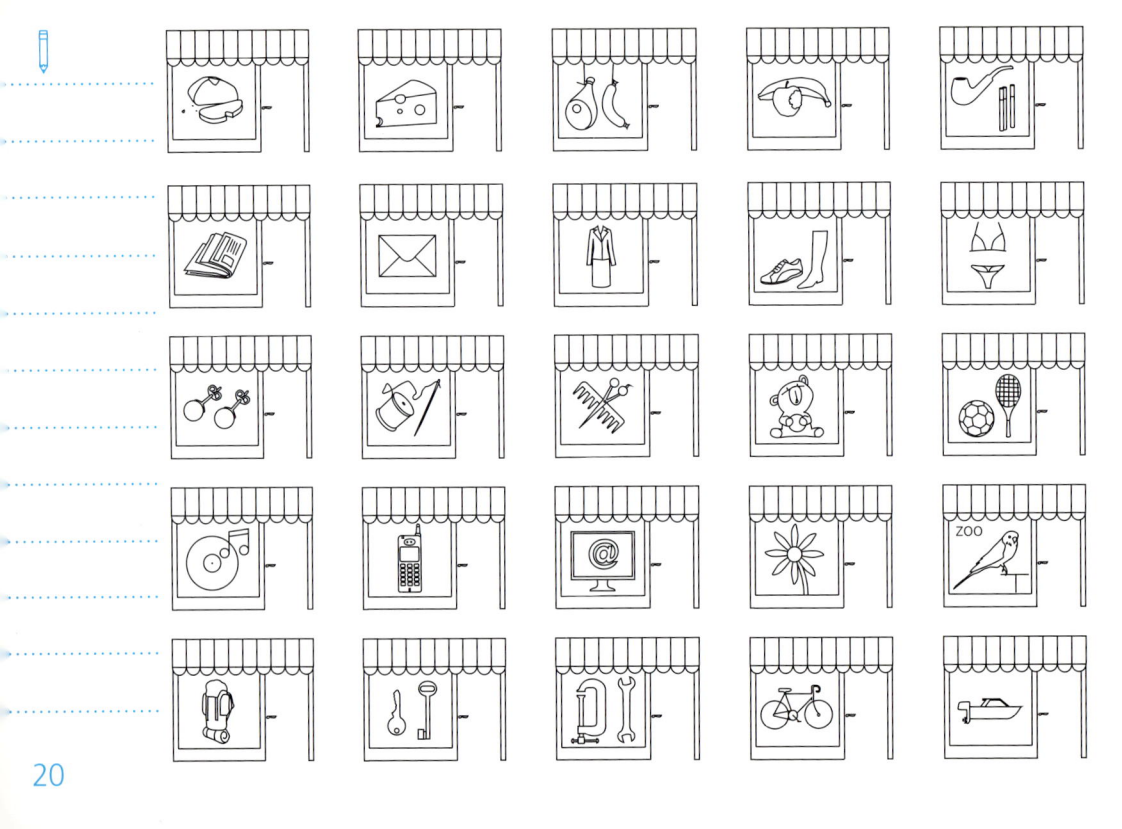

leisure

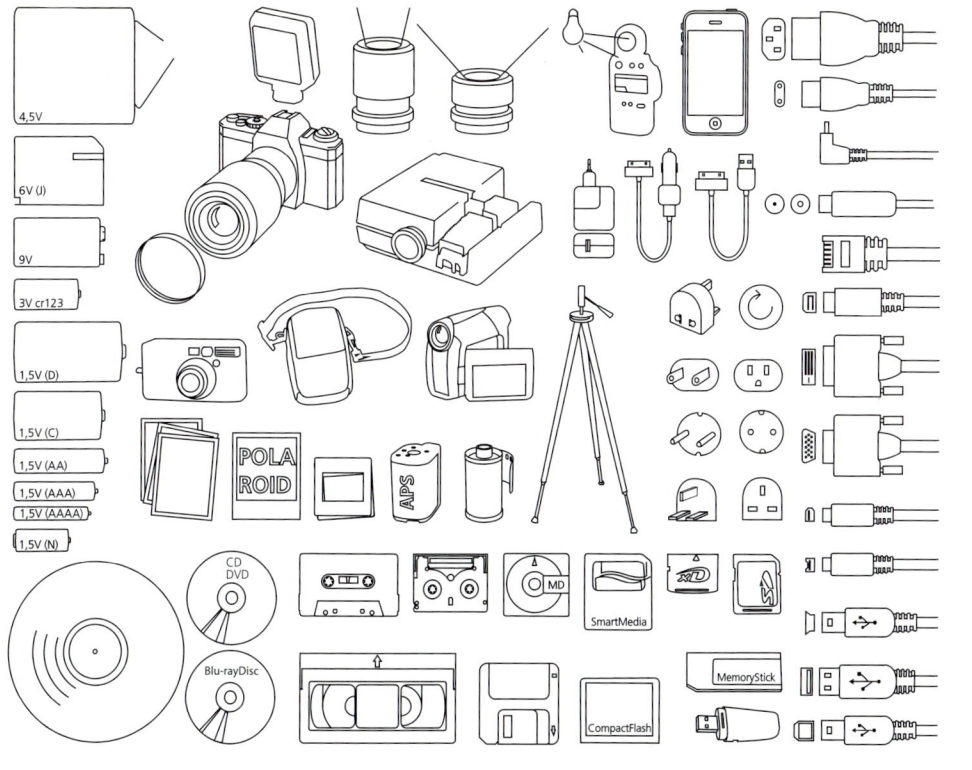

4,5V
6V (J)
9V
3V cr123
1,5V (D)
1,5V (C)
1,5V (AA)
1,5V (AAA)
1,5V (AAAA)
1,5V (N)

CD DVD
Blu-rayDisc
MD
SmartMedia
POLAROID
APS
MemoryStick
CompactFlash

21

22

leisure

23

24

leisure

26

leisure

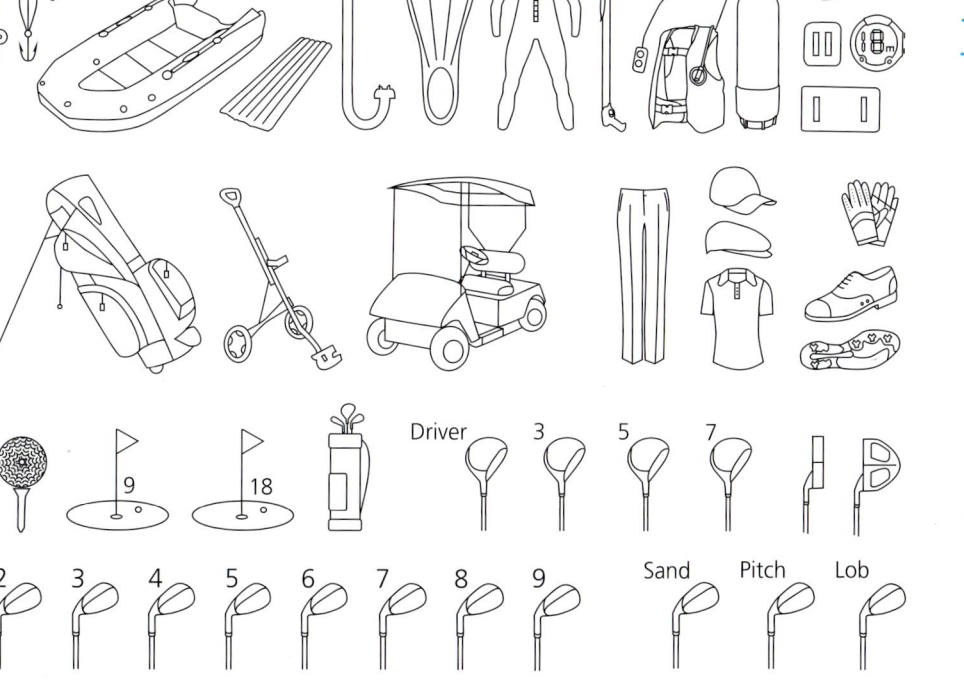

Driver 3 5 7

2 3 4 5 6 7 8 9 Sand Pitch Lob

27

accommodation

accommodation

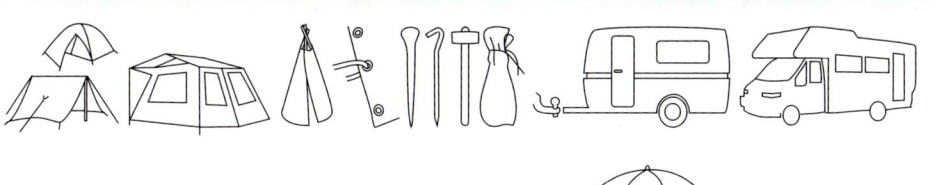

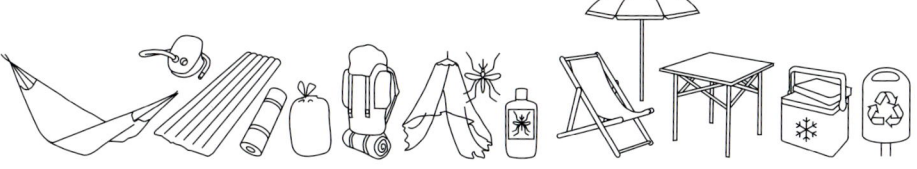

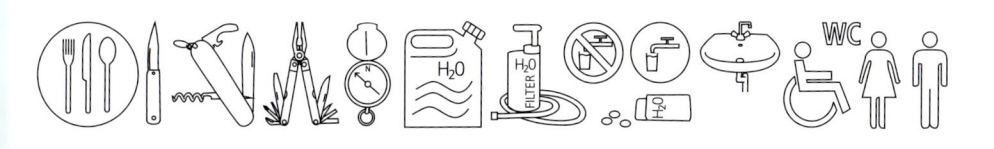

29

30

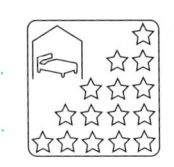

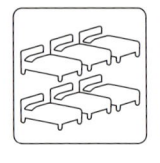

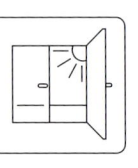

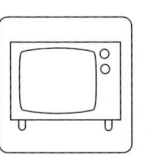

accommodation

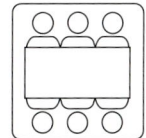

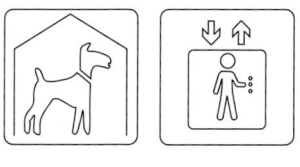

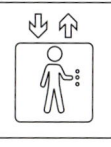

31

32

accommodation

33

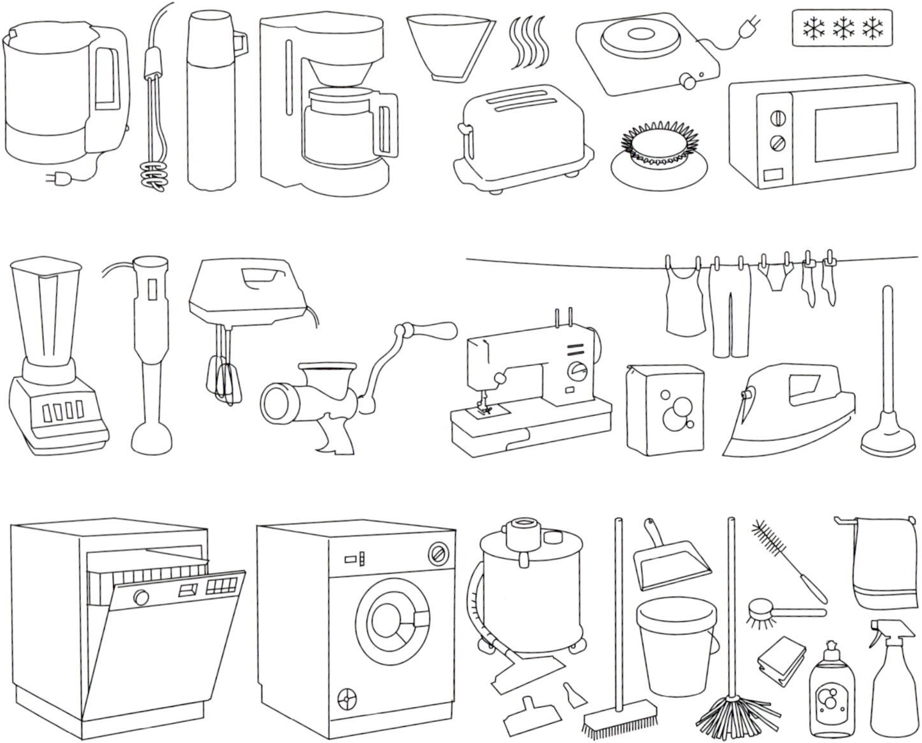

accommodation

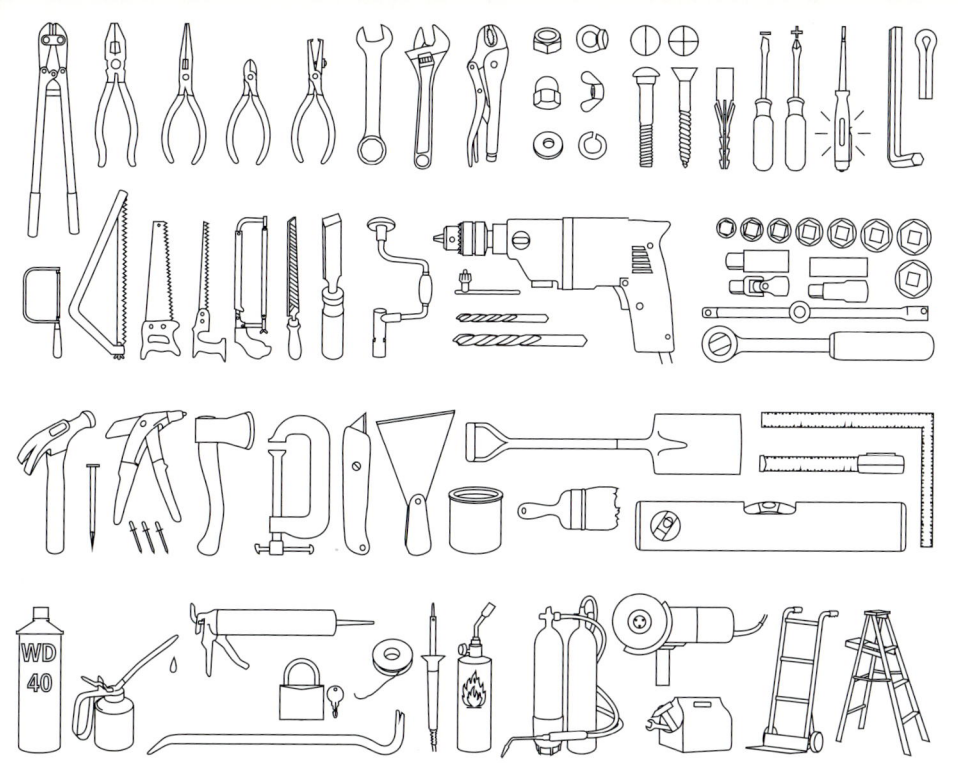

authorities

authorities

✈ travel

travel

39

40

TO STARTER TO STARTER

STARTING VEHICLE BATTERY BOOSTER CABLE STALLED VEHICLE BATTERY

BOOSTER CABLE

TO GROUND TO GROUND
ENGINE BLOCK OR FRAME

travel

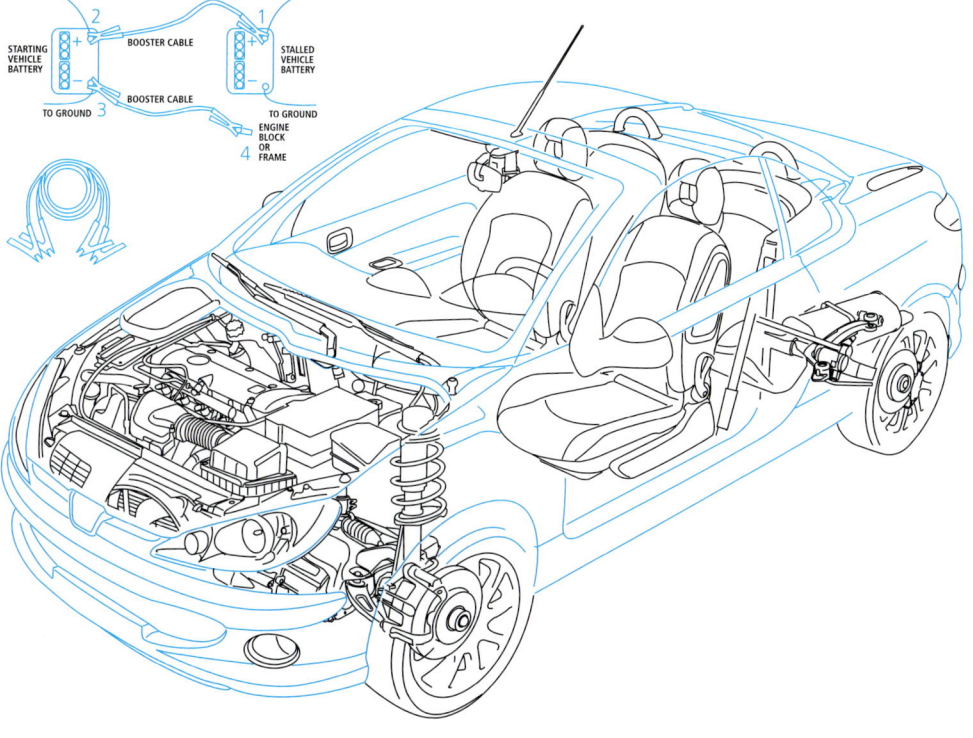

41

42

Street
ABC
3 km 2 km
5 km

N W E S

travel

43

44

travel

Travel Guide

46

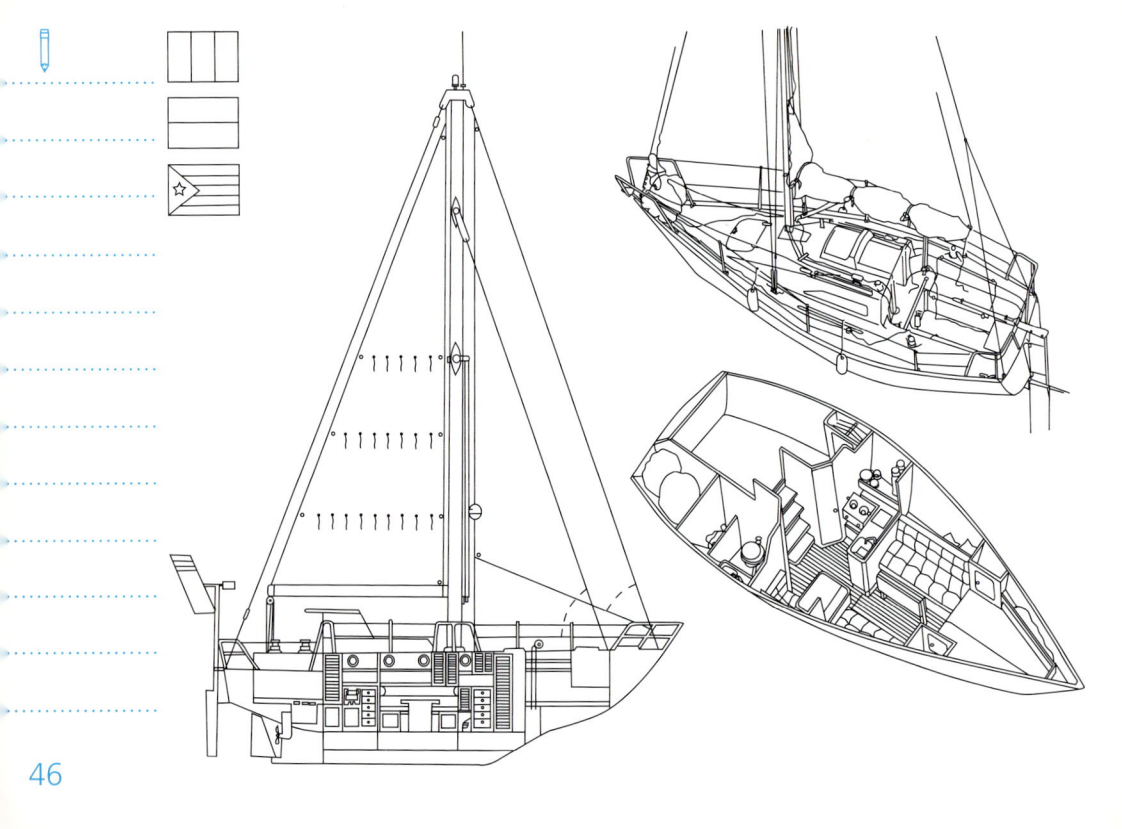

travel

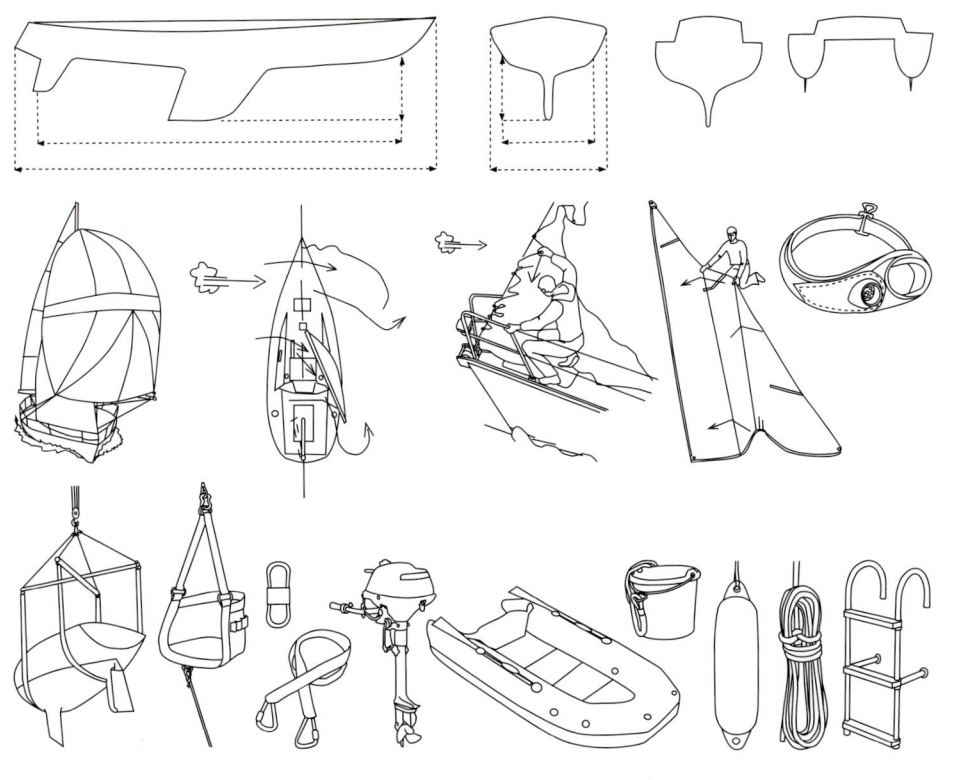

47

48

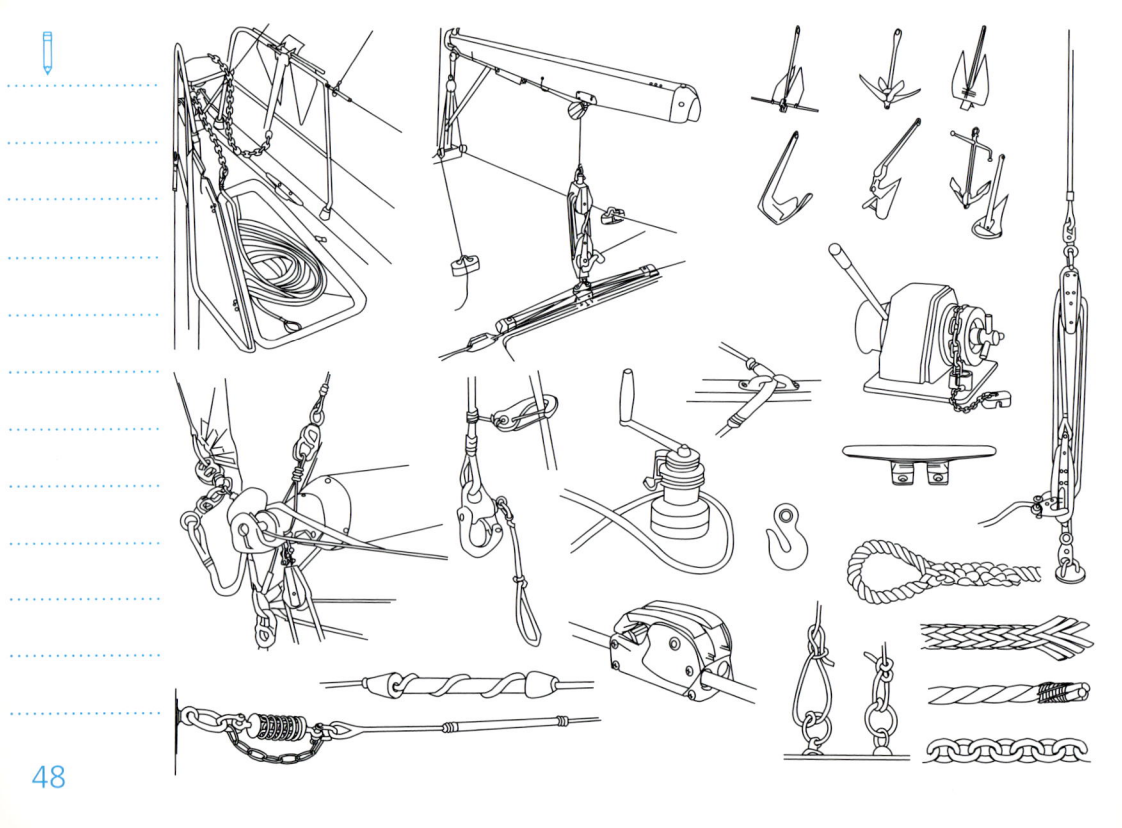

travel

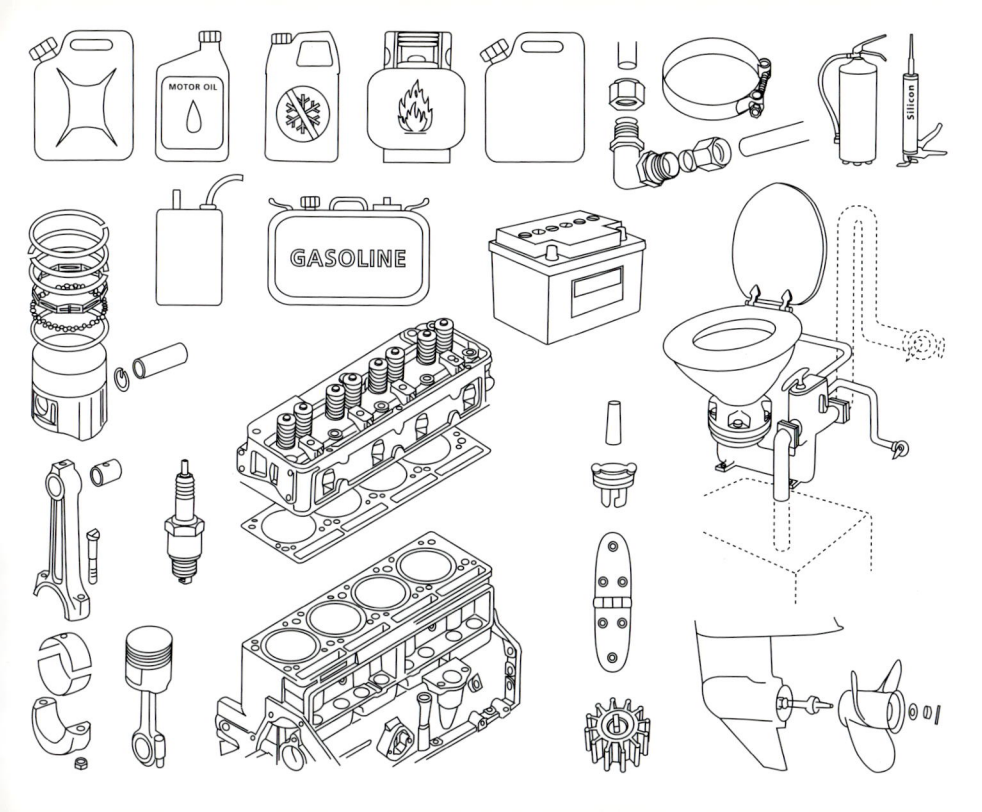

49

50

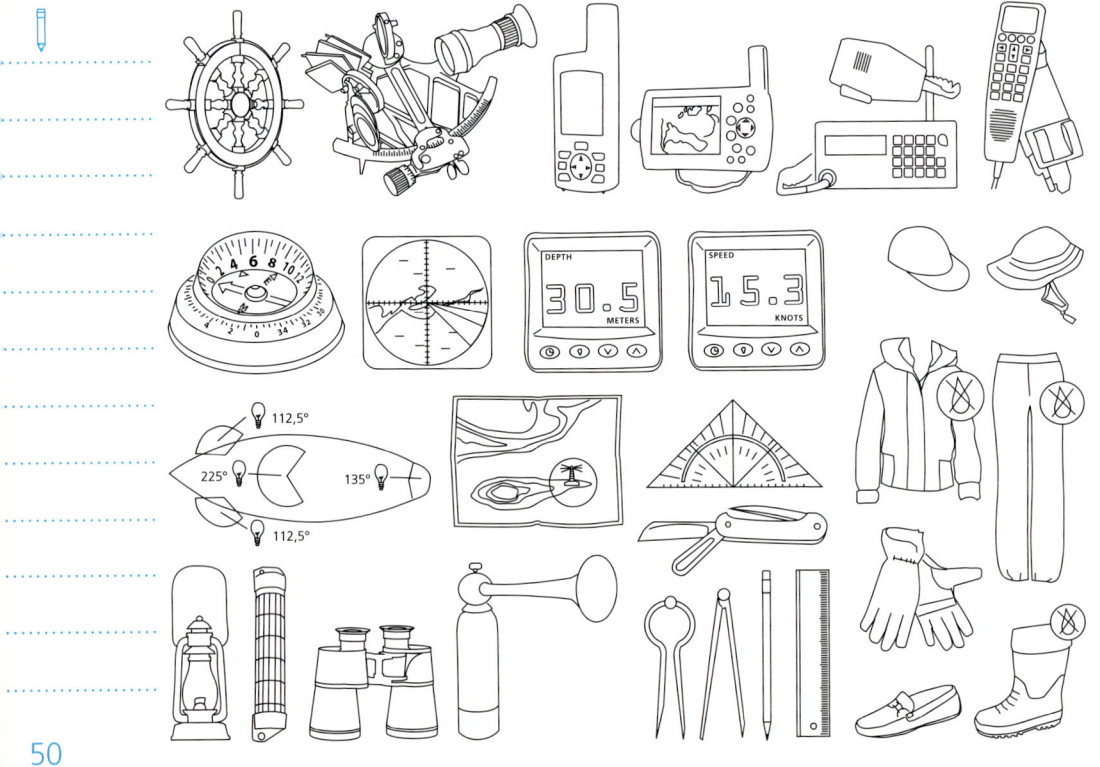

travel

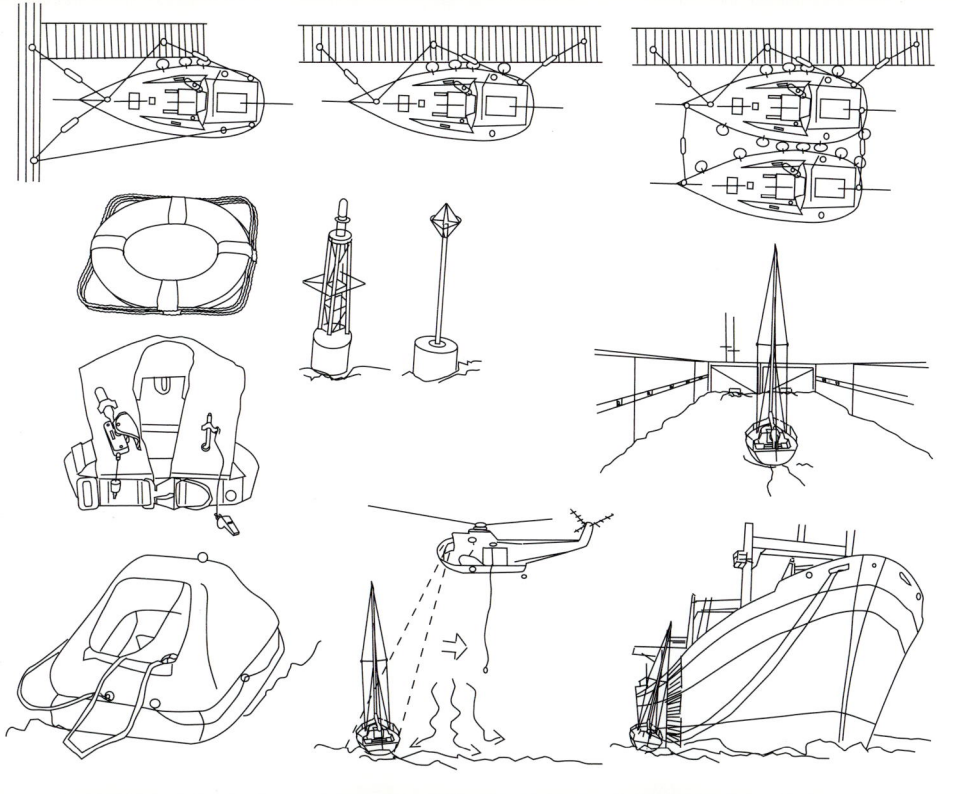

51

measurements

measurements

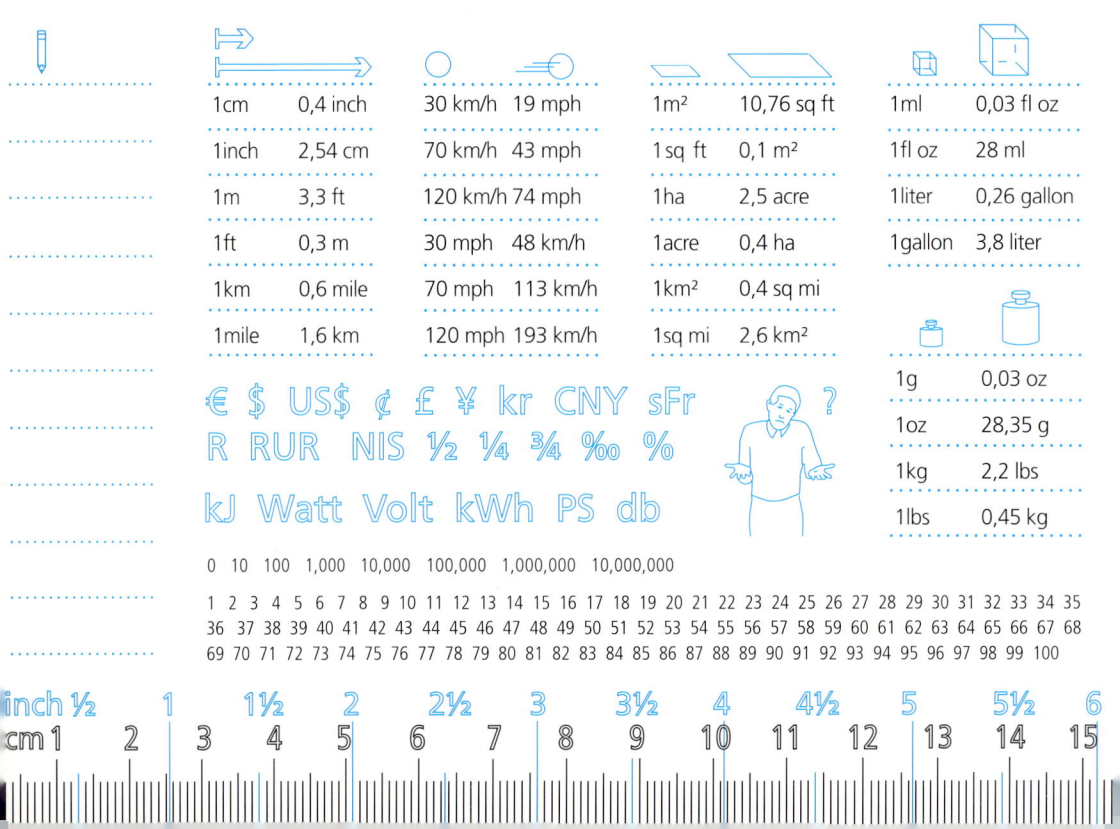

1cm	0,4 inch	30 km/h	19 mph	1m²	10,76 sq ft	1ml	0,03 fl oz
1inch	2,54 cm	70 km/h	43 mph	1 sq ft	0,1 m²	1fl oz	28 ml
1m	3,3 ft	120 km/h	74 mph	1ha	2,5 acre	1liter	0,26 gallon
1ft	0,3 m	30 mph	48 km/h	1acre	0,4 ha	1gallon	3,8 liter
1km	0,6 mile	70 mph	113 km/h	1km²	0,4 sq mi		
1mile	1,6 km	120 mph	193 km/h	1sq mi	2,6 km²		

1g	0,03 oz
1oz	28,35 g
1kg	2,2 lbs
1lbs	0,45 kg

€ $ US$ ¢ £ ¥ kr CNY sFr
R RUR NIS ½ ¼ ¾ ‰ %
kJ Watt Volt kWh PS db

0 10 100 1,000 10,000 100,000 1,000,000 10,000,000

1 2 3 4 5 6 7 8 9 10 11 12 13 14 15 16 17 18 19 20 21 22 23 24 25 26 27 28 29 30 31 32 33 34 35
36 37 38 39 40 41 42 43 44 45 46 47 48 49 50 51 52 53 54 55 56 57 58 59 60 61 62 63 64 65 66 67 68
69 70 71 72 73 74 75 76 77 78 79 80 81 82 83 84 85 86 87 88 89 90 91 92 93 94 95 96 97 98 99 100

measurements

Women's Shoes

EUROPE	34	35	36	37	38	39	40	41	42
UK	1	2	3	4	5	6	6½	7	8
USA	4	5	5½	6½	7	8	9	10	11
ASIA	21	22	22½	23½	24½	25½	26	26½	27

Men's Shoes

EUROPE	39	40	41	42	43	44	45	46	47
UK	6	6½	7	8	9	10	11	12	13
USA	7	7½	8	9	10	11	12	13	14
ASIA	24½	25	25½	26	27	27½	28	28½	29

Women's Clothing

UNISEX	XS	XS	S	M	M	L	L	XL	XL
EUROPE	34	36	38	40	42	44	46	48	50
ITALY	38	40	42	44	46	48	50	52	54
SPAIN	36	38	40	42	44	46	48	50	52
UK	8	10	12	14	16	18	20	22	24
USA	6	8	10	12	14	16	18	20	22

Men's Jackets

UNISEX	S	S	M	M	L	L	XL	XL	XXL
EUROPE	44	46	48	50	52	54	56	58	60
USA & UK	34	36	38	40	42	44	46	48	50

Men's Shirts

EUROPE	38	39	40	41	42	43	44
USA & UK	15	15½	16	16½	17	17½	18
ASIA	97	102	107	112	117	122	127

Children's Clothing

EUROPE	80	86	92	98	104	110	116	122	128	134	140	146	152	158	164	170
USA	0	1	2	3	4	5	6	7	8	10	11	12	13	14	15	16

Children's Shoes

EUROPE	18	19	20	21	22	23	24	25	26	27	28	29	30	31	32	33	34	35	36	37	38	39
USA	3	4	5	6	7	8	9	10	11	11½	12	12½	13	13½	1	2	3	4	5	6	7	8

measurements

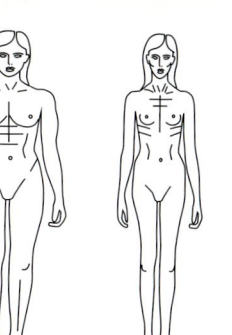

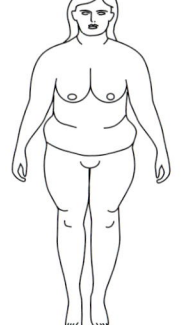

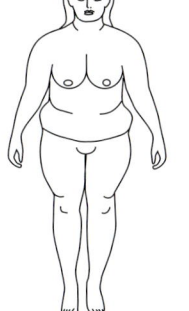

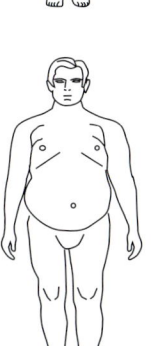

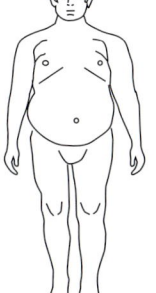

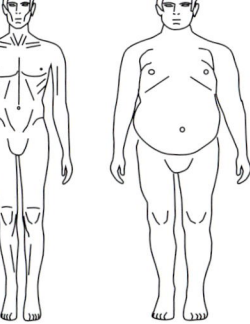

☻ emotions

+ people + occupations

emotions

60

people + occupations

food

food

63

64

food

65

66

food

67

68

food

69

70

food

72

food

74

food

75

76

food

77

78

food + beverages

WINE WINE

GRAPPA VODKA TEQUILA RUM GIN WHISKY SAKE

79

world

world

81

82

world

83

84

world

85

86

world

87

| | jan
| | feb
| | mar
| | apr
| | may
| | jun
| | jul
| | aug
| | sep
| | oct
| | nov
| | dec

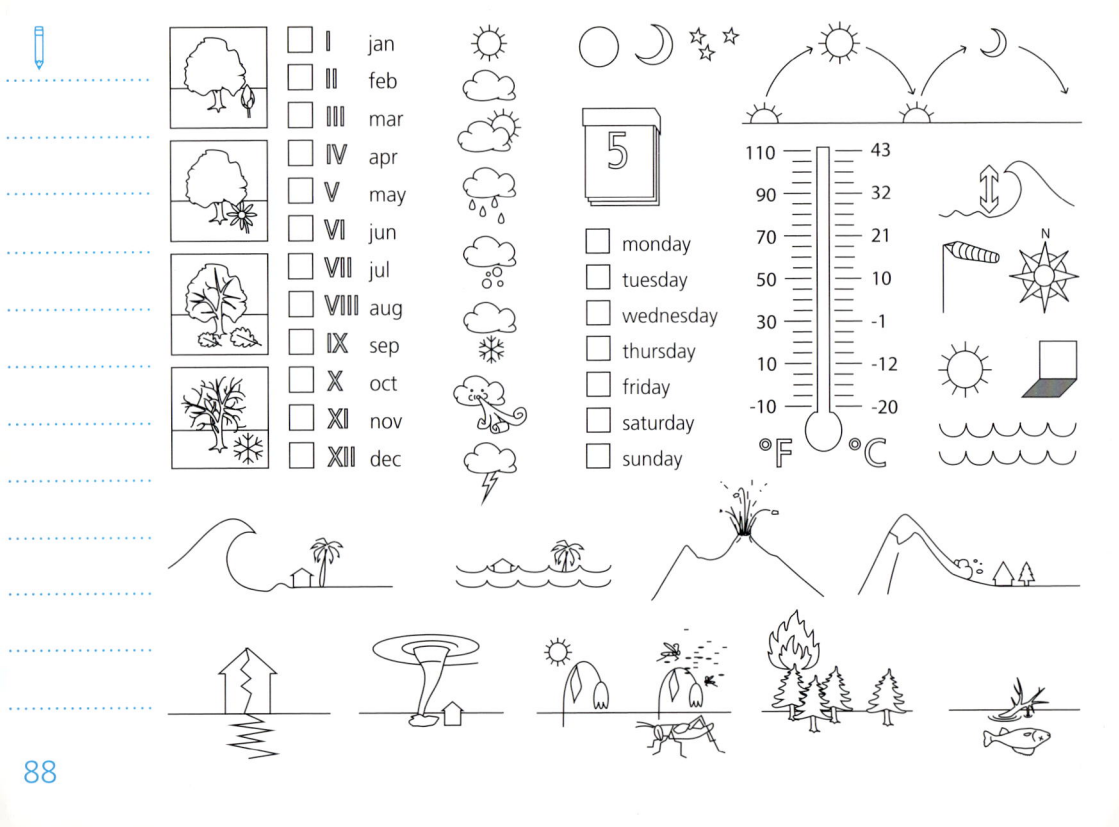

- monday
- tuesday
- wednesday
- thursday
- friday
- saturday
- sunday

°F °C

WORLDMAP

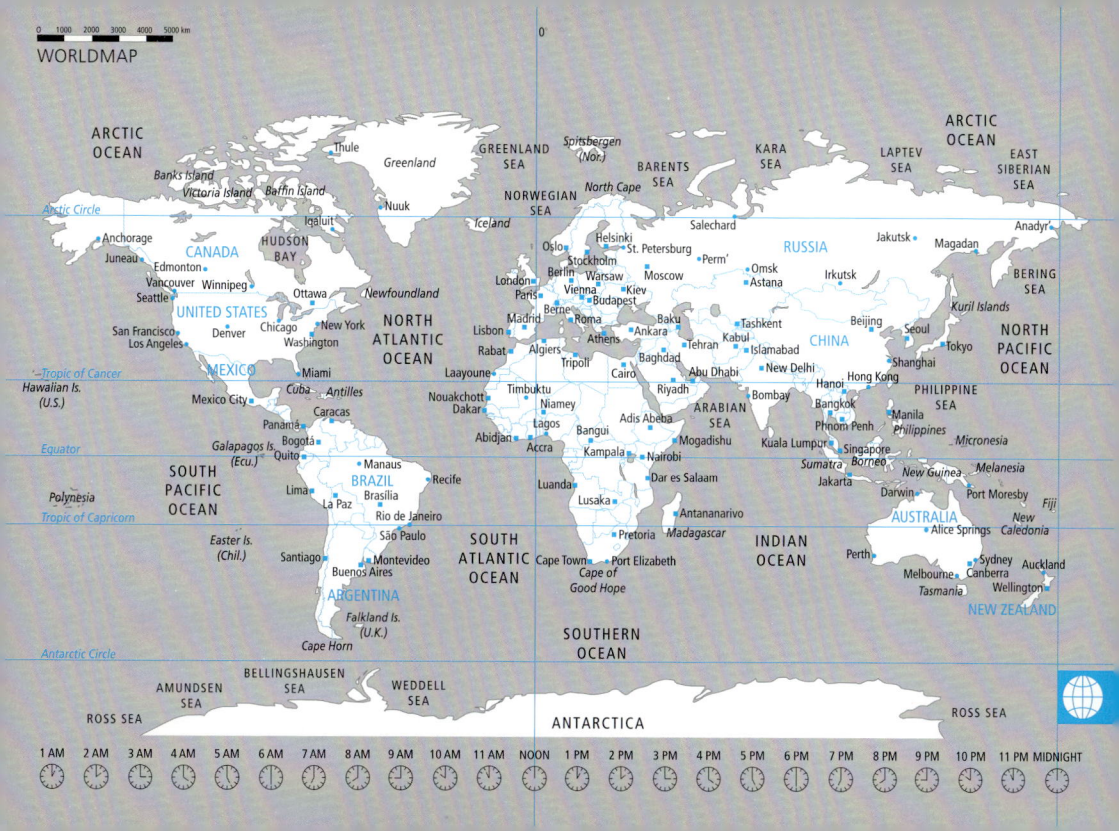

ARCTIC OCEAN
RUSSIA
Anadyr'
Providenija
Point Hope
Barrow
Kotzebue
Alaska (U.S.)
BEAUFORT SEA
Bethel
Tanana
Fairbanks
Platinum
Inuvik
Kenai
Anchorage
Cordova
Kodiak
Ft. Good Hope
Great Bear Lake
GULF OF ALASKA
Whitehorse
Ft. Simpson
Great Slave Lake
Juneau
Sitka
Hay River
Ft. Nelson
Queen Charlotte Islands
Dawson Creek
Prince George
Ft. Chipewyan
Ft. Mc Murray
Edmonton
Calgary
Saskatoon
Regina
Lethbridge
Vancouver
Victoria
Seattle
Tacoma
Spokane
Helena
Minot
Portland
Salem
Butte
Billings
Fargo
Eugene
Boise
Pocatello
Pierre
Minneapolis
Ogden
Salt Lake City
Cheyenne
Omaha
Sacramento
Reno
San Francisco
San Jose
Fresno
Las Vegas
Denver
Pueblo
Kansas City
Wichita
Colorado
Los Angeles
San Diego
Tijuana
Mexicali
Phoenix
Tucson
Albuquerque
Amarillo
Oklahoma City
El Paso
Ciudad Juárez
Fort Worth
Dallas
Red
Austin
Houston
Rio Grande
Isla Guadalupe (Mex.)
Hermosillo
Ciudad Obregón
Corpus Christi
Hawaii
Culiacán
Torreón
Monterrey
Durango
MEXICO
San José del Cabo
San Luis Potosi
Tampico
Guadalajara
Morelia
Mexico City
Veracruz
Acapulco
Oaxaca
PACIFIC OCEAN
PACIFIC OCEAN
UNITED STATES
CANADA
Ellesmere Island
Melville Island
Devon Island
Banks Island
Victoria Island
Tununirusiq
Baffin Island
Greenland
BAFFIN BAY
Upernavik
DAVIS STRAIT
Angmagssalik
Godthåb
ICELAND
Naujaat
Southampton Island
Qamani 'tuaq
Iqaluit
LABRADOR SEA
HUDSON BAY
Churchill
Kuujjuaq
Nain
Happy Valley-Goose Bay
Schefferville
Chisasibi
Newfoundland
Lake Winnipeg
Winnipeg
Moosonee
Chicoutimi
Québec
Halifax
Thunder Bay
Sudbury
Montreal
Ottawa
Toronto
Concord
Portland
Boston
Lake Superior
Lake Michigan
Milwaukee
Detroit
Buffalo
Cleveland
New York
Philadelphia
Des Moines
Chicago
Pittsburgh
Washington
Indianapolis
Ohio
Richmond
Missouri
St. Louis
Louisville
Nashville
Charlotte
Memphis
Mississippi
Atlanta
Charleston
Birmingham
Mobile
Jacksonville
Baton Rouge
New Orleans
ATLANTIC OCEAN
Tampa
Miami
BAHAMAS
Nassau
GULF OF MEXICO
La Habana
Santa Clara
CUBA
Santo Domingo
HAITI
Port-au-Prince
DOM. REP.
JAMAICA
Kingston
Mérida
Belize City
BELIZE
CARIBBEAN SEA
GUATEM.
Guatemala
HONDURAS
Tegucigalpa
EL SALV.
NICARAGUA
Managua
COSTA RICA
San José
Panamá
PANAMA
Barranquilla
Cartagena
VENE
Medellín
Santa Fe de Bogotá
Cali
Neiva
COLOMBIA
Tumaco
Quito
ECUADOR
PERU
0
500
1000
1500 km
NORTH AMERICA

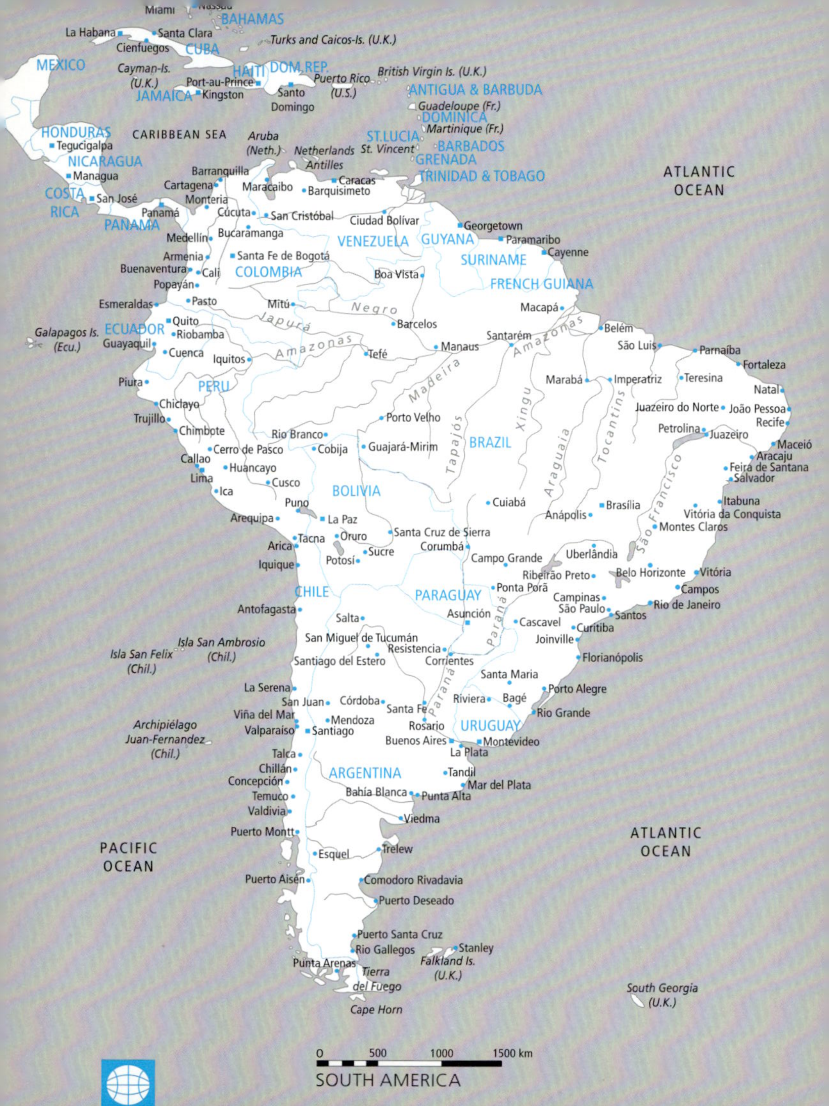

SOUTH AMERICA

EUROPE
0
500
1000
1500 km
Vorkuta
Salechard
BARENTS SEA
Hammerfest
Nar'jan-Mar
Ob'
Surgut
Ber'ozovo
Akureyri
Reykjavík
ICELAND
Seyotisfjördur
NORWEGIAN SEA
Murmansk
Kiruna
Bodø
Uchta
Rovaniemi
WHITE SEA
Archangel'sk
Oulu
Onega
Sev. Dvina
Serov
Syktyvkar
T'umen'
Faeroe Is. (Dan.)
SWEDEN
FINLAND
Umeå
Berezniki
Trondheim
RUSSIA
Perm'
Nižnij Tagil
Petrozavodsk
Sundsvall
NORWAY
Konoša
Kirov
Jekaterinburg
Shetland Is.
Tampere
Orkney Is.
Bergen
Gävle
Iževsk
Helsinki
Vologda
Sankt-Peterburg
Oslo
Ufa
Uppsala
Tallinn
Novgorod
Jaroslavl'
Magnitogorsk
ATLANTIC OCEAN
Stavanger
Stockholm
Volga
Kazan'
ESTONIA
Ivanovo
Nižnij Novgorod
Astana
Glasgow
Göteborg
Pskov
Orsk
Ålborg
Edinburgh
LATVIA
Velikije Luki
Moskva
Samara
Orenburg
NORTH SEA
Riga
Belfast
DENMARK
BALTIC SEA
Saransk
Akt'ubinsk
IRELAND
Dublin
København
LITHUANIA
Vicebsk
Smolensk
Tula
Penza
UNITED KINGDOM
Kaliningrad
Ural'sk
Cork
Vilnius
KAZAKHSTAN
Aral
Gdańsk
Tambov
Saratov
Hamburg
Aral Sea
Cardiff
Olsztyn
Minsk
Br'ansk
Ural
NETHERLANDS
Szczecin
London
Voronež
Bristol
Amsterdam
Elbe
Berlin
POLAND
Warszawa
BELARUS
Kursk
Don
Plymouth
Poznań
Bruxelles
GERMANY
Atyrau
Wisła
Köln
Wrocław
Lublin
Rivne
Volgograd
Volga
Brest
BELG.
Frankfurt
Kyyiv
Kharkiv
LUX.
Dnieper
Praha
Paris
Le Mans
Rhein
UKRAINE
Kraków
L'viv
Astrachan'
UZB
CZECH REP.
Dnipropetrovs'k
Nantes
Tours
Nancy
Stuttgart
Donau
Vinnytsya
Fort-Ševčenko
SLOVAKIA
Donets'k
Aktau
La Rochelle
FRANCE
München
Wien
Bratislava
Bern
MOLD.
Stavropol'
CASPIAN SEA
AUSTRIA
Budapest
Rhône
Santiago de Compostela
Bordeaux
Lyon
SWITZ.
HUNGARY
ROMANIA
Chisinău
Odesa
Krasnodar
Groznyj
Milano
Ljubljana
TURKM
Bilbao
Zagreb
Simferopol'
Toulouse
Venezia
Braşov
SLOV.
Sevastopol'
Porto
Genova
Beograd
Bucuresti
GEORGIA
Tbilisi
Baki
Valladolid
Marseille
CROATIA
Constanţa
BOSNIA HERZ.
Dunărea
BLACK SEA
AZERBAIJAN
Sarajevo
ARMENIA
PORTUGAL
Monaco
BULGARIA
Varna
Firenze
Barcelona
YUGOS.
Madrid
Sofija
Trabzon
Jerevan
Lisboa
Corse
Roma
SPAIN
Samsun
Skopje
Erzurum
ITALY
TURKEY
Tiranë
MACE.
Istanbul
Tabrīz
València
Sevilla
Palma
Bari
Ankara
Napoli
Tahrān
Alacant
Sardegna
ALBANIA
Thessaloniki
Bursa
Kayseri
Málaga
Granada
Malatya
Cagliari
Hamadān
IRAN
GREECE
AEGEAN SEA
MEDITERRANEAN SEA
Konya
Kirkūk
Tétouan
Messina
Izmir
Athinai
Al-Mawṣil
Palermo
Adana
Pátrai
Denizli
Eşfahān
Rabat
Fès
El Djazaïr
Sicilia
Catania
Halab
Wahran
Antalya
IRAQ
Tigris
Qacentina
Tunis
MOROCCO
Euphrates
SYRIA
ALGERIA
TUNISIA
Malta
Kýpros
Kriti

ARCTIC OCEAN
Spitsbergen (Norw.)
Zeml'a Franca-Iosifa
Severnaja Zeml'a
Novosibirskije Ostrova
BERING SEA
NORWAY
SWEDEN
FINLAND
BARENTS SEA
Novaja Zeml'a
KARA SEA
LAPTEV SEA
Murmansk
Tiksi
Verchojansk
Magadan
Kamčatka
Petropavlovsk-Kamčatskij
Archangel'sk
Vorkuta
Noril'sk
Ochotsk
SEA OF OKHOTSK
Volga
Severnaja Dvina
Salechard
Ob'
Lena
Jakutsk
Aldan
RUSSIA
Jenisej
Kirov
Surgut
Ocha
Nikolajevsk-na-Amure
Ostrov Sachalin
Kazan'
Perm'
Komsomol'sk-na-Amure
Jekaterinburg
Angara
Amur
Južno-Sachalinsk
Samara
Čel'abinsk
Bajkal
Blagoveščensk
Chabarovsk
Orenburg
Magnitogorsk
Omsk
Tomsk
Krasnojarsk
Sapporo
Ural'sk
Novosibirsk
Čita
Hakodate
Astana
Novokuzneck
Irkutsk
Ulan-Ude
Qiqihar Tsitsihar
Atyrau
Irtysh
Harbin
Vladivostok
KAZAKHSTAN
Kyzyl
Sendai
Karaganda
Semipalatinsk
Changchun
Jilin
Aral'skoe Ozero
Ulaanbaatar
Niigata
JAPAN
Tōkyō
Shenyang
NORTH KOREA
Balchaš
Yokohama
MONGOLIA
Anshan
UZBEKISTAN
Ozero Balchaš
P'yŏngyang
Kyōto
Ōsaka
Almaty
Dalian
Urgenč
Yining
Ürümqi
Sŏul
Hiroshima
Biškek
Baotou
Beijing
SOUTH KOREA
Pusan
TURKMENISTAN
Taškent
Hami
Aschabad
KYRGYZSTAN
Huang
Taiyuan
Qingdao
Nagasaki
Kashi
EAST CHINA SEA
Dušanbe
Mashhad
TAJIKISTAN
Shache
Xining
Zhengzhou
CHINA
IRAN
Lanzhou
Nanjing
Shanghai
Nansei-Shotō
Herāt
Kābol
AFGHANISTAN
Islāmābād
Wuhan
Qandahār
Indus
Wenzhou
Chengdu
Chang
Changsha
Fuzhou
Quetta
Multān
Chandigarh
Brahmaputra
Lhasa
T'aipei
PAKISTAN
Chongqing
Hengyang
Sukkur
Delhi
NEPAL
Kāthmāndāu
TAIWAN
Gangā
Guiyang
Kaohsiung
Jaipur
BHUTAN
Karāchi
Lucknow
Mekong
Kunming
Nanning
Xianggang (Hong Kong)
Allahābād
Vāranasi
BANGLADESH
Ahmadābād
Ha Noi
Dhaka
Jabalpur
Kolkata
Mandalay
Haikou
INDIA
LAOS
Nāgpur
MYANMAR (BURMA)
Quezon City
Mumbai
Cuttack
Viangchan
Manila
Pune
Chiang Mai
SOUTH CHINA SEA
Da Nang
Solāpur
Hyderābād
Vishākhapatnam
Yangon
PHILIPPINES
THAILAND
Cebu
ARABIAN SEA
Belgaum
VIETNAM
Qui Nhon
BAY OF BENGAL
Krung Thep (Bangkok)
CAMBODIA
Bangalore
Davao
Chennai
Phnum Pénh
Zamboanga
Coimbatore
Thanh-pho Ho Chi Minh (Saigon)
Andaman Islands (Ind.)
GULF OF THAILAND
Madurai
BRUNEI
Bandar Seri Begawan
Manado
SRI LANKA
Colombo
Galle
George Town
MALAYSIA
Borneo
Medan
MALAYSIA
Kuching
Kuala Lumpur
Samarinda
Singapore
Sulawesi
INDIAN OCEAN
Sumatera
Pontianak
INDONESIA
Banjarmasin
Padang
Ujungpandang
INDONESIA
Semarang
Surabaya
Jakarta
Jawa
Yogyakarta
0
500
1000
1500 km

ASIA

ATLANTIC OCEAN
Açores (Port.)
Madeira (Port.)
Islas Canarias (Esp.)
PORTUGAL
Lisboa
Madrid
SPAIN
Roma
ITALY
GREECE
Athinai
BLACK SEA
Samsun
Ankara
Izmir
TURKEY
CASPIAN SEA
Tabrīz
Ašchabad
Tehrān
IRAQ
Kirkūk
SYRIA
Baghdād
Tigris
Euphrates
Esfahān
IRAN
Bayrūt
Dimashq
LEBANON
Yerushalayim
'Ammān
ISRAEL
JORDAN
Abādān
Al-Kuwayt
El Djazaïr
Tunis
Wahran
Annaba
MEDITERRANEAN SEA
Rabat
Fès
Casablanca
Touggourt
TUNISIA
MOROCCO
Ghardaïa
Tarābulus
Al-Baydā'
Marrakech
Béchar
Banghāzī
Al-Iskandarīyah
Dirj
Al-Qāhirah
ALGERIA
LIBYA
Amal
El Aaiún
Reggane
In Salah
Sabhā
Asyūt
Qinā
EGYPT
Aswān
Ghāt
Al-Hufūf
Ar-Riyād
Dubayy
Al Madīnah
U.A.E.
WESTERN SAHARA
Nouadhibou
MALI
Tamenghest
Nile
RED SEA
Makkah
MAURITANIA
Nouakchott
Araouane
Būr Sūdān
SAUDI ARABIA
NIGER
SUDAN
OMAN
CHAD
Tombouctou
Dakar
SENEGAL
Niamey
Zinder
Tchad
Umm Durmān
Al-Khartūm
ERITREA
Asmera
YEMEN
San'ā'
'Adan
Bamako
Ouagadougou
Niger
Al-Fāshir
Al-Ubayyid
GUINEA
BURKINA FASO
Kano
Maiduguri
N'Djamena
Nyala
Suqutrā (Yem.)
Djibouti
Conakry
BENIN
Abuja
Dire Dawa
SOMALIA
SIERRA LEONE
IVORY COAST
TOGO
NIGERIA
Sarh
Adis Abeba
LIBERIA
GHANA
Ibadan
Lagos
CENTRAL AFRICAN REPUBLIC
Wāw
ETHIOPIA
Monrovia
Accra
Lomé
Abidjan
CAMEROON
Bangui
GULF OF GUINEA
Malabo
Yaoundé
Buta
EQUAT. GUINEA
Príncipe
São Tomé
Libreville
CONGO
Congo
Kisangani
UGANDA
KENYA
Muqdisho
Kampala
Kismaayo
GABON
DEMOCRATIC REPUBLIC OF THE CONGO
RWANDA
Lake Viktoria
Nairobi
BURUNDI
Brazzaville
Kinshasa
Kananga
Kasai
Lake Tanganyika
Mombasa
Tanga
Zanzibar
Dar es Salaam
Dodoma
TANZANIA
Viktoria
SEYCHELLES
Ascension (U.K.)
Luanda
Kamina
Lobito
Huambo
Likasi
Lubumbashi
Ndola
Lake Nyasa
COMOROS
Moroni
Antsiranana
ZAMBIA
MALAWI
Blantyre
Nacala
St. Helena (U.K.)
ANGOLA
Lusaka
Zambezi
Nampula
Mahajanga
Livingstone
Harare
ZIMBABWE
Antananarivo
NAMIBIA
Beira
Bulawayo
MADAGASCAR
MAURITIUS
Port Louis
Fianarantsoa
Réunion (Fra.)
Walvis Bay
Windhoek
BOTSWANA
MOZAMBIQUE
Xai-Xai
Gaborone
Pretoria
Johannesburg
Maputo
SWAZILAND
Bloemfontein
LESOTHO
Durban
ATLANTIC OCEAN
SOUTH AFRICA
East London
Cape Town
Port Elizabeth
INDIAN OCEAN
Cape of Good Hope
Tristan da Cunha (U.K.)
Gough Is. (U.K.)
0
500
1000
1500 km
AFRICA

English Do you speak all the world's languages? ICOON can help you communicate all over the globe. Choose from 2800 symbols in 12 different categories – just point and make yourself understood. Have fun and travel the world!

Português Você fala todas as línguas do mundo? Com ICOON pode comunicar com o mundo inteiro: 2800 símbolos em 12 categorias. Basta apontar para um dos símbolos para se fazer entender. Divirta-se e boa viagem!

Русский Хотите говорить на всех языках мира? ICOON может помочь! 2800 символических знаков в 12 категориях, на которые достаточно указать, чтобы быть понятым. Приятного путешествия!

हिन्दी क्या आप विश्व की सभी भाषाऐं बोल सकते/सकती है ? ICOON (ऑइकुन) विश्व के किसी भी भाग में सम्पर्क स्थापित करने में आपकी मदद कर सकता है। इस में 2800 चित्र हैं, जिन्हें 12 श्रेणियों में बाँटा गया है। इन चित्रों को इंगित करके आप अपनी बात कह सकते/सकती है। शुभ यात्रा !

Deutsch Sprechen Sie alle Sprachen dieser Welt? ICOON hilft Ihnen, in der ganzen Welt zu kommunizieren: 2.800 Symbole in 12 Kategorien, auf die Sie zeigen können, um verstanden zu werden. Viel Spaß beim Reisen!

Français Parlez-vous toutes les langues du monde? ICOON vous aidera à communiquer dans le monde entier: 2800 symboles dans 12 catégories que vous pourrez montrer pour communiquer. Bon voyage!

中国人 你能讲世界上所有的语言吗? ICOON能帮助你与整个世界沟通 2800 多个符号分为 12大类, 你只须指向这些符号别人就能懂得你的意思 旅途愉快

Kiswahili Je, unaongea lugha zote za dunia? ICOON inaweza kukusaidiakuwasiliana na kila mtu duniani. Vikundi 12 vya michoro 2800 unayoweza kuonyesha ili ueleweke. Safari njema!

Español ¿Habla usted todos los idiomas del mundo? ICOON le ayudará a comunicarse en todo el planeta. 2.800 símbolos distribuidos en 12 categorías. Sólo tendrá que señalarlos para que le entiendan. ¡Buen viaje!

Polski Znasz wszystkie języki świata? ICOON pomoże Ci porozumieć się w każdym zakątku ziemi. Znajdziesz tu 2800 symboli z 12 kategorii, na które wystarczy wskazać, żeby być zrozumianym. Wspaniałych podróży!

日本語 世界のすべての言語を話せますか? 世界と交信の為ICOONが助けけることができます。自分が理解する為に示すことができる 2800記号を 12部分に分けてある。旅行を楽しんでください。

عربي هل تستطيع ان تتحدث جميع لغات العالم؟ تساعدكم ICOON حتى يمكنكم التواصل بجميع لغات العالم: ۲۸۰۰ من الرموز المصورة مقسمة إلى ۱۲ فئة. يمكنك أن تشير إليها لتتمكن الآخرون من فهمما تريد! تمتعوا بسفرياتكم!